Pip de Papegaai en zijn Magische Oren

Tanya Saunders

vertaald door **Jarle Franceus**

Pip de Papegaai heeft magische oren.

Ze helpen hem om te **horen.**

Hij **luistert** graag naar...

de **zoemzoem bijtjes**

zoem zoem zoem

de **wind** die door
de bomen **waait**

fff fff fff

en de **gekke** groene **kikker.**

kwaak kwaak kwaak

Pip de Papegaai houdt van de **grote grappige koe**

boe   boe   boe

maar niet van de **poes**
die zegt: **"Miauw!"**

miauw   miauw

De **leeuw** is luid als hij **brult**

grrr!   grrr!

ook de **krokodil** is luid
als hij met zijn kaken **hapt!**

hap! hap! hap!

Een kleine **muis** kan stilletjes **piepen**

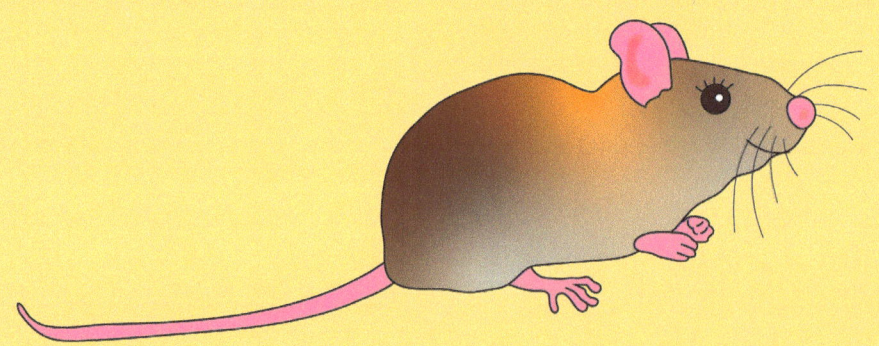

piep piep piep

en alle **kuikentjes**
doen **tok tok tok**...

tok tok tok

Pip de Papegaai heeft een **trein** –
tjoek tjoek, tjoek tjoek!

tjoek tjoek

en een **uil als vriendje** –
oehoe, oehoe.

oehoe   oehoe

Deze **jongen** lacht graag – *haa haa haa!*

haa haa haa

Schapen lachen niet,
zij doen **baa.**

baa baa baa

Dit **meisje** heeft een rode **auto**

tuut tuut tuut

en een **baby** die **huilt**...

wééé wééé wééé

sjj sjj sjj

zoem zoem

piep piep

De hele dag **luistert** Pip de Papegaai naar alle geluiden die hij **hoort** met zijn **magische oren.**

baa baa

woef woef

boe boe

kwaak kwaak

oehoe oehoe

tuut tuut

tok tok

miauw miauw

grrrr! grrrr!

tjoek tjoek

Maar nu is hij **moe** –
  tijd om naar **bedje** te gaan.

geeuw
 geeuw
  geeuw

"Kom **beer!**"

knuffel knuffel

Pip de Papegaai hoort de stem van papa. Dat vindt hij leuk.
Papa zegt: **"Ik hou van je. Slaap zacht."**

Hij hoort ook het geluidje
van de kus van mama.
Dat maakt hem blij.
Mama zegt: **"Ik hou van je.
Slaapwel."**

En dan…
In zijn **stille,** donkere kamertje
onder de grote maan
valt hij zachtjes in **slaap…**

Ontdek meer boeken in het Nederlands - geschreven voor kinderen met (en zonder) gehoorverlies:
www.avidlanguage.com/boeken-in-het-nederlands

Over de auteur en illustrator

Tanya Saunders is moeder van een tweeling. Eén van haar dochters is doof en gebruikt cochleaire implantaten, die ze haar 'magische oren' noemt omdat ze haar helpen om te horen. Zonder deze implantaten hoort ze helemaal niets.

Via AVID Language geeft Tanya boeken uit voor gezinnen met én zonder gehoorverlies. Ze schrijft leuke, herkenbare verhalen die de spraak-, taal- en luisterontwikkeling stimuleren.

In haar boeken spelen personages met gehoorverlies een rol, waarmee ze niet alleen kinderen wil aanspreken, maar ook het bewustzijn rondom gehoorverlies wil vergroten.

Pip de Papegaai en zijn Magische Oren
Published by AVID Language Limited, 3 Cam Drive, Ely, CB6 2WH, UK
First published in English in 2020 as "Ling Ling Bird Hears with his Magic Ears"

ISBN:
978-1-913968-84-7

Text & Illustrations © Tanya Saunders 2020
Translated into Dutch by Jarle Franceus
All rights reserved.

Inclusive books for families with (and without) hearing loss

www.avidlanguage.com

www.ingramcontent.com/pod-product-compliance
Lightning Source LLC
Chambersburg PA
CBHW041119070526
44584CB00002B/212